Open Books

HACERSE CUERPO

Stephen Marchand Fernández

D.R. © Stephen Marchand Fernández, 2022
Hacerse cuerpo

Primera edición, 2022
D.R. © Asociación Open Art

D.R. © Jordi Valls, 2022
Prólogo

ISBN: 9788412630305
Depósito legal: DL B 21745-2022
Impreso en Quares: noviembre 2022, Barcelona

Editorial: Open Books
Razón social: Asociación Open Art
Passeig Llorenç Serra, 48, Esc. C, 4º-1ª
08921 Santa Coloma de Gramenet, Barcelona
www.openartassociation.com

Editora: Carolina Rivas
Producción editorial: Daoud Sarhandi
Coordinación editorial: Sònia Poch Masfarré
Corrección y edición: Jorge García Torrego, Osvaldo A. Leboso Ismael
Maquetación y diseño: Daoud Sarhandi
Pintura de la portada: John Donovan
Fotografía del autor: Daoud Sarhandi

ÍNDICE

PRÓLOGO
Jordi Valls

Hay muchas maneras de afrontar la complejidad del cuerpo y del lenguaje como reto poético. Stephen Marchand Fernández nos propone una lectura diferente, fractal, expectante. Una lectura que va sumiendo al lector, poco a poco, en una belleza crepuscular y atípica. El autor parte de una descripción hacia dentro a través de la oscuridad que muestra una caída hacia el abismo de uno mismo. La introspección como materia de conocimiento en una oración íntima que viene a ser un vehículo de poesía. Así empieza Stephen Marchand y a partir de aquí nos propone un viaje con unos límites definidos, y veinte años de elaboración: «El mundo es otro cuando el cuerpo es otro». Y ahí está, donde se propone, en *Cavar hondo*, el lugar donde habitar, el espacio de la madriguera. Conocer la geografía de la corporeidad para saber cómo identificar con exactitud ese quién desde el dolor que nos habita.

Ese conocimiento no evita el conflicto. La sensación de enfrentamiento entre el cuerpo y la memoria «donde el hombre se vacía y se llena». O cuando llegamos al poema *Segrob*, inquietante y monstruoso, que invertido nos ofrece el nombre Borges, en el que el inframundo es la profundidad inquietante y amorfa de un infierno particular, reconocido quizás por ceguera del Homero argentino del siglo XX, o quizás más allá del tiempo, la que nos puede indicar el poeta fiorentino Dante de la mano de Virgilio y a la manera inquietante de H.D. Lovecraft: «Abrevadero / donde acuden en manada / las bestias que nos habitan». Solo así se puede reconocer aquello que se aloja en el codo: *Brambel*, aquel que usurpa el destino, aquel que se aleja «Nunca llegó al lugar al que se encaminaba».

A medida que se avanza, los poemas van desmembrándose en el cripticismo para concretarse en la tragedia. El poema *Al azul cayó mi hija* manifiesta el dolor como un desgarro implacable al mismo tiempo que la ternura: «Nunca pensé que la muerte / pudiera ser tan suave». El duelo se reconoce en los lugares compartidos que ahora son yermos: «Observa bien la grieta oscura calle abajo. / Por allí se fueron los cuerpos», en *Casa sin semillas*. Una sensación crepuscular y pesimista se cierne en el estrangulamiento, donde ciudad y circunstancia se reconocen de forma apocalíptica: «Las olas devuelven deshechos los barcos de quienes partieron. / Los cielos están cerrados. / Será difícil escapar», en el poema *Fin*.

Pero hay una variable; la conciencia de la corporeidad va ganando presencia. «De piel a piel te digo: vamos a hacer uno / para que alguien se quede mirando el mar por mí. / Ven, vamos a darle otro corazón al mundo». El poeta se va mostrando más teórico y expansivo, emplea el recurso de la ironía en el poema *El peso variable del astronauta*, donde va adquiriendo una voluntad de divulgación hasta ahora inédita: «Viajar hacia la luz requiere la más pesada de las máquinas. / Unos tres kilos y medio en cuarenta semanas. / Más, mucho más, de lo que pesa todo el universo en tu espacio interior». El poeta quiere situar al lector desde otro ángulo y lo traslada aportando un nuevo punto de vista. El cuerpo como medida de la realidad, pero también de la comunicabilidad. Como escribe en el poema *Seges Agro*: «Hay un cuerpo en el cuerpo escondido».

A partir de aquí, el imaginario se vuelve sorprendente, el poeta despliega el lenguaje, encuentra parámetros inusuales, teoriza; en el poema *Boland* escribe: «*Cuerpo de agua* es una mala traducción. / Pero lo dice todo y lo dice bien. Habla de las mareas que llevamos dentro». Hay la incompatibilidad de dos mundos que se van confundiendo. La pregunta siempre bascula hacia poder explicar qué es la identidad y esa pregunta adquiere diferentes matices porque cada texto es diferente. En el poema *Lowell* nos remite al poeta Robert Lowell, uno de los artífices del modernismo norteamericano. El poema recuerda la técnica del poeta informalista y nos abre el cauce hacia una lírica más desinhibida: «Madre es mamá cuando pasa la pastilla / por el Lowell. Pastilla pasa por pasa y entonces pasa por / el Lowell y Lowell pasa por el centro de su infancia». Stephen Marchand sabe lo que se trae entre manos, ha leído y ha diseminado una poética orientada hacia los márgenes, es decir, hacia el límite de lo que es decible. Su maestría la podemos contemplar en el poema *El viejo Gutiérrez*, un texto que parece, de entrada, ilógico, disparatado, pero que a medida que avanzamos va hilvanando un discurso surrealista que nos recuerda los poemas más arriesgados de John Ashbery, pienso concretamente en su etapa joven: *The tennis court oath* y una música de jazz como un sonido de fondo que mueve las piezas del poema. «¿Allí donde se juega al ajedrez? / Sí, el ajedrez que es dónde la gente se aniquila / Hiroshima, los Balcanes, Irak, / el Congo, Guernica. Ese mundo, el otro mundo / ¿Eres budista o qué? / No, solo un tipo con un mensaje».

La barca roja trae consigo una cita del cineasta ruso Andrei Tarkovski y la cita liga muy bien en el contexto de la poesía de Stephen Marchand Fernández «De dónde vienes / De la otra orilla». El poeta escribe: «No soy yo quien habla pues no poseo lenguaje alguno». La sensación de extrañamiento, incluso desde la propia poesía, es un trabajo de liberación que lleva a una contemporaneización del lirismo. En el fondo, es hacerse la pregunta del sentido de la poesía en la actualidad. Los poemas *Juan Sebastian Elcano* y *Vaho* son un buen ejemplo de esa línea de trabajo.

Epílogo: ante el cierzo responde a la experiencia del poema río, donde el poeta se explaya con todo tipo de detalles coleccionados desde la infancia, desde el imaginismo del niño Stephen Marchand: «Algo se aprende en ese quehacer rutinario. /Y es que cuando uno trabaja el hierro, / el hierro lo trabaja a uno. / De este modo, no se pierde el tiempo / porque el tiempo se hace espacio. / Se estira y contrae el Todo, / decía el abuelo».

Hacerse cuerpo es un poemario que recoge diversas épocas de la vida del autor, la transmisión del libro no es, como él mismo apunta, «una mera experiencia intelectual o emotiva, sino física». Sigamos pues su consejo y dejémonos llevar por una escritura que emana verdad sin necesidad de más referentes que la propia experiencia lectora, sin etiquetas, ni símbolos imprescindibles que presenten barreras para enfrentarse al libro. La aventura es adentrarse en *Hacerse cuerpo*, en definitiva, un libro de poemas fascinante, adictivo, de humor inteligente y visualmente impactante.

DECLARACIÓN DEL AUTOR

Hacerse cuerpo es un intento por buscar y definir los límites del cuerpo para así ver qué habita más allá. Más allá habitan órganos, otros órganos que ni siquiera sabíamos que existían. Como la gente del barrio. La gente del barrio, por ser siempre la misma, se nos hace órgano. Así como los autores que leemos, las experiencias que vivimos. Habita también fuera del cuerpo todo aquello que emana: el lenguaje, el vaho, el amor, el miedo, la furia. Todo ello forma a su vez su propio cuerpo, un cuerpo satélite que gira en torno a uno. La poesía es uno de esos cuerpos. Se deshace a medida que rota. Y sus fragmentos se hacen cuerpo en quien los sabe leer.

Stephen Marchand Fernández

HACERSE CUERPO

FALAD

He tenido la boca
en la mano.
No una boca
entera, solo uno
de sus huesos.
Al principio la tomo
por piedra áspera,
deforme, ligera.
Es *Falad*, dice el guía señalando
en mi mano la pieza. Contiene
palabras-tigre y palabras-pájaro,
palabras-luz y palabras-hoyo.
Fue una boca. De ella bebieron
pueblos enteros.
Siempre estuvo llena.
Poeta en mi lengua también es *Falad*.
Falad es poeta y boca,
es hueso lleno de tiempo.
Tal vez se fuera de la lengua
el hombre cuyo cuerpo
contenía esta boca.
Lo fusilaron.
Ahí.
O ahí.
Hace años ya.
Formas de secar el cielo,
de cazar al tigre,
de tapar el hoyo.
Pobres ingenuos:
creyeron que la voz
es solo un cuerpo.

CAVAR HONDO

"Al Quijote no se le secó la mollera,
le creció un nuevo cerebro".
César Balka

Es difícil decir en qué momento exacto
empecé a escarbarme túneles por dentro.
Toda voz horada, encuentra subsuelos.
¿Qué la llama? Tal vez la sospecha
de otro cuerpo en el cuerpo.

Atravesados los tejidos, la voz no ve,
pero se sabe dentro. El reverso del cuerpo
es rugoso, mineral, húmedo.
Paisaje astillado, cúmulo de cámaras, cuartos, cubículos.
Aquí la zona de trabajo, allí la de descanso,
zonas de aseo, escaleras, puestos de guardia,
despensas, pasadizos.

¿Ahora qué? ¿Duermo, me nutro, miro al vacío?
Mmmmmmmmm.
Decido decorar el sitio.

Los espejos, cosa delicada, los espejos.
Lo cauto es colocar uno, inclinado, en cada orificio.
Una vez roto, multiplica la faz del enemigo.
Es difícil no quedar atrapado.
La voz lo sabe. Basta decir espejo
para verse prisionero.

Aquí dentro no veo, pero oigo
el mundo como un animal subterráneo.
No es que me haya vuelto ciego.
No soy un topo. Sencillamente ocurre
que las orejas están donde estaban los ojos.
La cadera contiene la boca,
los pulmones degluten, el cerebro excreta.
El mundo es otro cuando el cuerpo es otro.
La voz lo intuye cuando no ve, pero sospecha.

Siempre estuvo ahí, la sospecha. De niños,
ya vivíamos entre el subsuelo y las estrellas.
Muchos querían ser astronautas.
Yo empecé a cavar.
Fue cuestión de ver la ceguera y cavar.
Cavar hondo
y hacer del cuerpo una madriguera.

EL ESTANQUE

Era una gran masa líquida, verde, aceitosa. Del fondo, venían las bocas a comer. Eran las bocas del agua. Solo bocas, círculos dorados, bocas sin cuerpo de pez, solo bocas esperando ser alimentadas, tragando lo que se les diera de comer. Recuerdo que mi madre me daba migas de pan y, de la mano, me acercaba al borde del estanque. La barandilla no era muy alta. Bastaba inclinarse un poco para tocar el agua. Era fácil caer. Las bocas chasqueaban como trampas de ratón. Aquel estanque era un criadero de bocas obscenas, iracundas, metálicas. Se las veía bajo el agua, succionando los muros del estanque, desgarrando los restos de algún cuerpo en descomposición. Decían que no tenía fondo, que estaba lleno de cadáveres. Para mí, era una masa de agua, agua llena de bocas, la misma masa que uno, tarde o temprano, se descubre por dentro. Depende de la torsión que ejerza la luna sobre el cuerpo, o bien calla o bien pide comer.

AL AZUL CAYÓ MI HIJA

Y su cuerpo salió del mar
blanco como un ave escalfada.
Desnudo, inmóvil, abiertamente
sin vida.
Intentamos reanimarla
en vano.
La muerte ya la había quebrado
en la caída.
El mar ya la había escupido
sin aire.

Azul inmenso, océano sin nombre.
Nunca pensé que la muerte
pudiera ser tan suave.

Al azul cayó mi hija.
Y del azul salió
sin vida, sin nombre, sin tiempo.

MORDERSE TODO UNO POR DENTRO, ...

Morderse todo uno por dentro,
cuerpo y deseo,
ojos y olfato,
como se muerde uno
la lengua
hasta quedarse sin voz.

Comerse las ganas de ser
feliz.

Morderse
lo que no pudo ser
como se muerde uno
la vida.

¿Cómo?

ENTRE ZANJA Y VUELO

Recuerdo el accidente como un embudo
donde cayó el sonido.
Fue de Langre a Galizano,
camino de la playa.
Patinamos sobre el asfalto,
y en el coche entró
una enorme zanja de barro y miedo.

Mis manos siguen agarradas al volante.
Las ruedas todavía giran sobre el eje.
Los bajos del coche burbujean.
Huele a boñiga y pasto.

Dentro del coche,
como dentro de una jaula,
vive la esperanza de salir.

Y salimos.
Pero algo queda dentro.

CASA SIN SEMILLAS

Esa familia que vine a pintar ayer
hoy se ha quedado sin cuerpos.
¿Dónde están los padres?
¿Dónde los hijos?

Observa bien el cuadro: es una azotea
en la calle General Pardiñas.
Aquí el sol de agosto
cae a plomo sobre las baldosas tristes.
Sin huellas, sin niños, sin nombres.
Las paredes han empezado a desconcharse.
No esperes nada de esos geranios secos:
esta casa se ha quedado sin su hogar.

Observa bien la grieta oscura calle abajo.
Por allí se fueron los cuerpos.
Todos los cuerpos de esta familia.
En fila de a uno. Se fueron
dejando atrás
una casa
sin semillas,
dejando atrás
la larga cuenta
de los tantos años
que pasaron juntos
en Madrid.

OC

Oc:
lengua orificio

palabra perdida
en recuperar lo perdido

ficción
del cuerpo amputado

Oc: oquedad
en la semilla

BRAMBEL

Al poco de instalarse en la casa nueva, le brotó una costra rugosa en el codo. No tanto sarpullido sino más bien escama. Unas semanas después, apareció en pies y manos, pecho y cuello. El bicho se abrió paso también por dentro y en la garganta se hizo un abultado nido de pelo.

Es *Brambel*, dijo un médico amigo suyo. Desde aquel día tomó posesión de sus sueños. Se le metía en el oído hasta dar con el cerebro, donde borbotaba su espesa baba *Brambel*. Limpiaba y limpiaba y despertaba exhausto, las manos hinchadas. Aun así sentía que todavía quedaba baba *Brambel* por toda la casa, la casa de sus sueños, su nueva casa.

Unos meses más tarde, una hiedra espesa invadió paredes y puertas. Es el *Brambel*, dijo su amigo. Pronto entrará en las habitaciones por los huecos invisibles de la casa. Es un *Brambel* enfurecido y hará polvo ladrillo, madera y argamasa. Se lo comerá todo. Hasta el lenguaje. Hará de artículos y sustantivos *Brambel*.

Esa tarde, de regreso a casa, su nueva casa, la palabra olvido se le hizo *Brambel* y de su nombre y apellido solo quedó *Brambel Brambel Brambel*.

Nunca llegó al lugar donde se encaminaba.

EL VACIADERO

Visitamos cada noche
nuestro temido agujero
cuando los relojes marcan
la hora más oscura.

Y en ese pozo de excrementos,
nos vaciamos,
arrojando a las aguas
nuestros cantos de alquitrán.

A ese agujero negro
regresamos cada noche
para mirarlo de frente
y cercar su boca.

Y serenamente, cada noche,
lo amansamos poco a poco
hasta que su furia
deja de ladrar.

FIN

Nadie sabría de nuestra tormenta
de no ser por la nieve que cargan
las aves. Dicen que vuelan torcidas.
De día amanecen de piedra los panes.

Anochece y las ventanas
se llenan de fiebre. La gente
apenas duerme. La ciudad
está enferma.
Eso dicen en la tele.

Las olas devuelven deshechos
los barcos de quienes partieron.
Los cielos están cerrados.
Será difícil escapar.

En esta ciudad abierta,
permanecemos dentro,
cada vez más cerca
de nuestra muda *sinlugaridad*.

DE PIEL A PIEL, UNO

De piel a piel te digo: vamos a hacer uno
para que alguien se quede mirando el mar por mí.
Vamos a darle otro corazón al mundo.
Mi miedo necesita un rostro,
mis manos a quien cuidar.
Uno que mire por primera vez
eso que a nosotros nos cansa la vista.

Uno.
Imperfecto.
Nuestro
y no tanto.

Uno en la boca y el otro en los dedos.
Uno para no temerle tanto a la muerte
está en el otro,
en uno, uno
que antaño vino de él.

Me escondo en ti que ya eres él,
esperanza ingenua,
herida en el brazo,
mano tendida,
pie en el agua.

Hace tiempo sueño
con tu peso entre mis brazos.
Sueño saber que estás ahí,
jugando con los niños
a mirar el mundo

                bocabajo.
Nuestro

        mapa de carne y hueso.
Uno.

      De piel a piel.

              Uno.

CORAZONADA

Fondo sobre fondo
el cuerpo
duplica
su espacio
el corazón emite
cada segundo
los timbres
de toda la casa.

Ya estás aquí.

EL PESO VARIABLE DEL ASTRONAUTA

Hoy el páncreas.
Ayer las piernas.
Mañana los párpados y el hígado.
Pareces un muchacho
preparándose para una larga expedición.

Se requiere peso para conquistar espacio.

Un cohete son 700 toneladas de media,
700 toneladas son 200 elefantes
son 100 veces el peso de un coche.
Un astronauta que pesa 60 kilos en la Tierra
pesa 142 en Júpiter. 10 en la luna.

Esta casa en este bosque con esta luz y estas plantas,
esta densidad del aire, esta temperatura,
este mundo donde la vida se hace vieja,
este planeta Tierra es tu espacio exterior.

Tienes algo de astronauta estos días,
en esa cápsula hermética donde son otras
las leyes físicas. Creas un hígado
junto al hígado de tu madre
y de golpe
cambia la gravedad.

Estos días la veo caminar como una equilibrista,
con tu cuerpo envuelto en su cuerpo,
con su centro lleno de espejos.

Tienes algo de astronauta, digo,
con tu páncreas recién estrenado,
tus huesos, tu piel, tu latido.
Perfectamente equipado para el viaje.

Vienes, tal vez, del otro lado de una estrella,
de uno de esos pliegues cósmicos,
porque no eras y ahora eres pura expansión.

Viajar hacia la luz requiere la más pesada de las máquinas.
Unos tres kilos y medio en cuarenta semanas.
Más, mucho más, de lo que pesa todo el universo
en tu espacio interior.

SEGES AGRO*

Hay un cuerpo en el cuerpo escondido.
Tierra bajo tierra.
Red de tejidos, vasos sanguíneos,
nervaduras, fluidos, células.

Tu cuerpo es un todo.
Llega de la nada.
Semillero de líneas.
Pulso propio.

Tu cuerpo entero es
boca.
Puro hambre
de vida.
La luz se hace
en él
alimento.

El mundo es otro cuando el cuerpo es otro.
Y es otro una vez atraviesa el vacío.
Nacer es entrar afuera. Entrar a la fuerza.
Y en el transcurso, romperse.
Romperse para saberse cuerpo.

Estabas morado como una uva prensada,
hinchado como se hincha la tierra
llena de grumos, una vez termina el diluvio.

Algo en ti se abrió en dos
para ahogarse de oxígeno.
Y fuiste boca garganta,
brazos piernas. Te movías
como se mueven
aquellos que de noche se deslizan
del agua a la orilla.

Pez de Marte eras.

Atravesado por el llanto,
arado por el aire,
te abriste al mundo,
haciendo del cuerpo
un campo de cultivo.

Seges Agro es la expresión latina para "campo de cultivo".

SEGROB

Segrob: depósito de tinta
donde toma voz la palabra
pozo cuenca
charco entre suturas
abrevadero óseo donde acuden
en manada
las bestias que nos habitan

Segrob: zona oracular
bóveda
velo nocturno
mapa de líneas leves
antes de ser peso

Segrob: lugar del primer latido
tejido de luz
mecanismo de aspas cuerdas poleas

Segrob: máquina
caja negra
memoria de ébano
residuo mineral del cosmos

ÓSCAR

Deja fuera
del rostro
el ojo.

Y alrededor del sol negro
vuelan facciones del pájaro.

Y entran más afuera de su jaula.

ALEJANDRA Y EL TRUCO DE LA GÁRGOLA

Aquella gárgola, allá arriba,
vivió una vez aquí abajo.
Estuvo ahí, sentada
en ese banco, frente al río.
Apenas se movía. La vi
envuelta en su abrigo de invierno.
De vez en cuando fumaba,
siempre de espaldas al viento.
Así pasaba los días,
escuchando frecuencias.
Cerraba los ojos y apretaba el cuerpo.
Lo apretaba duro duro
hasta hacerlo membrana.

Más tarde llegaron las palabras.
Entonces se hizo otra.
Se dijo serenamente:
voy a necesitar silencio,
será mejor hacerme gárgola.

Tuvo que hacerse fea, Alejandra.
Hacerse de piedra, Alejandra.
Hacerse, dura, muda y muerta
para que nadie se interpusiera entre ella
y el nido de ideas donde jugaba su niña mágica.

A la mañana la encontraron rígida, en el suelo,
doblada, como si buscara algo en su propia entraña.
Cuando la vieron, se les hizo el vientre entero bañera
de agua helada. Tal era su poder. Grande no, inmenso.
La subieron poco a poco. Solo faltó el llover.

Un diluvio faltó para equilibrar el peso de aquella balanza.
El maquinista de la grúa la subía al cielo y la miraba.
Era toda de piedra, Alejandra. Maciza, más hueso que piel,
sin alas, de boca callada, el rostro vegetal,
el cuerpo lleno de escamas.

Entrar en la gárgola tuvo que ser duro para Alejandra.
Solo unos pocos,
solo unos pocos alcanzan
esa magia. Ahí está todavía. De todas las piedras,
la más humana.

NIEVES

Alguien llama por teléfono para anunciarte la sorpresa:
despierta y mira por la ventana. Todo está blanco. Cae la
nieve. Te quedas mirando, y tus ojos, en ese instante, son los de
una niña feliz. Luego, cuelgas el teléfono, regresas a la cama,
caes en un sueño profundo, azul. Horas más tarde, cuando
despiertas y regresas a la ventana, no encuentras nada. Solo ha
sido un sueño, te dices. La llamada telefónica, la voz, la nieve.
Solo un sueño. Sin embargo, tienes la certeza de que algo
todavía cuaja, en silencio, al otro lado de tu cuerpo de cristal.

BOLAND

*"Los andamios quedan dentro
porque traducir es ante todo
hacerse reflejo de una ciudad."*
César Balka

Cuerpo de agua es una mala traducción.
Pero lo dice todo y lo dice bien. Habla
de las mareas que llevamos dentro.
Nunca comprendimos bien la frase:
Nos vemos reflejados en el agua.
Somos demasiado espesos.

Cargo la ciudad de Boland dentro.
Sus traductores son hidrólogos, sus poetas
ingenieros. Los puentes se salen del mapa,
como aquí, en Boston, cuando el agua
se congela bajo tierra y revienta
el asfalto lentamente, capa a capa.

Cloudburst es *aguacero.*
A Boland se le explotó
una nube en el cerebro.
Y ahora repica la lluvia
sobre los andamios
de la ciudad espejo.

YEKTAI

una veta azul
arriba
a la izquierda
sobre grumos
y más grumos
blancos
algo que es
acaso la memoria
de casas encaladas
hay frutas
formas
naranjas
amarillas
zonas hexagonales
del recuerdo
vibración de abejas
en pleno vuelo
sin cuerpo
pegotes
y pegotes de pintura

vuelvo de vez en cuando
cuando se astilla el tiempo
cuando logro fijar el blanco
a través de la espesura
en aquel azul
arriba
a la izquierda
en aquel lienzo
que vi y veo de cuando en cuando

y me quedo en ella
en aquella veta azul
arriba
me quedo quieto
mirándome azul
arriba
a la izquierda

abajo
es blanco
sin título
y en el centro
hay una mesa
con frutas de luz
naranjas
amarillas
y si escucho
respira
zumba la mesa
la mesa entera
con frutas de luz
una historia ese cuadro
toda una historia de amor
con la memoria
espesa

de vez en cuando
cuando me voy
a esa veta azul
a la luz
de una mesa
dentro
muy dentro
regresa
llena de grumos
la memoria
y el tiempo blanco
me envuelve
en su sol de harina

HIPOCAMPO

todo galope lo atraviesa
y deviene cuerpo caballo
en su sangre querencia

conjuro
campo del recuerdo
juego
temblor
inercia

búsqueda del alfabeto
secreto en la arena hendida
signo cargado de signos
en un baile de espuelas

ayer el cuerpo no era
y hoy es ya pasado mañana
hipocampo: memoria
donde el hombre se vacía y se llena

LOWELL

Todo era frío y azul
en Boston
todo un querer
y no poder
con el
paso de los días
azul azul y la familia

normal

se le hizo Lowell el Lowell que llevaba dentro.

Como un
leerse más allá
como un saberse
uno en otro.

Una mañana la lengua fría
en el espejo
tensa
la mancha de sol
dentro del dentro
en el justo centro del Lowell
toda la noche la mancha cegando.

Solo azul y frío
solo en su apartamento
Boston era todo un querer
y no poder sino tan solo
tan tan solo
tan solo y sin apenas
memoria de su infancia.
Solo.

La noche hecha mancha solar y quema
que te quema el frío azul de Boston
quema
como el alcohol
deshidrata
azul y frío
azul y frío y tenso
deshidrata
una a una
las palabras de su infancia.

En el Centro
—así lo llama Madre,
Centro—
sirven pasas secas
de postre.

En el Centro
Lowell es Lowell
y pasan
las palabras
y se las queda
se las queda mirando
con nombres que ya no reconoce.

Sonríe.

Le avisan por megáfono:
Lowell, tiene una llamada.

Es mamá.

Madre es mamá cuando pasa la pastilla
por el Lowell. Pastilla pasa por pasa y entonces pasa por
el Lowell y Lowell pasa por el centro de su infancia.

Brevemente.

Y recuerda otro sol.
Mamá.
No mancha.
Mamá.
Todavía recuerda esa palabra,
no su imagen.

HANSLE Y GRETLE

Algo se desvía
con sigilo
como un viento
cambiando rumbo
plegándose
sobre sí mismo
un soplo
caliente
sin dirección
aire desmenuzando el mundo
en palabras y las palabras
en imágenes

Algo
anda torcido
por dentro

La casa ha comenzado
a comerse
a sus habitantes
ahora los niños son otros:
Hansle y Gretle
el vendaval
ha sacudido
sus nombres
y los niños
los niños ya no se reconocen

Viento
oscuro
dentro
de la casa
la casa de siempre

Éste es el lugar
que los habita
patios
pasadizos
puertas
una cocina
donde el horno
succiona
el aire

En el baño
Hansle
organiza
obsesivamente
los dulces
por colores
rojo con rojo
verde con verde

Mientras tanto
Gretle
se los come
compulsivamente
cuanto más come
menos respira
cuanto menos
respira menos
la devora
un deseo
insaciable

Algo se tuerce
en el centro
del lenguaje
el lenguaje
con las mismas palabras de siempre
pero en otro orden
Las migas de pan
se han volado

Ahora quién
cómo
dónde

EL VIEJO GUTIÉRREZ

Corre el lenguaje con uno   siempre   o casi
basta decirse quieto para detenerse
tiene algo de señor mayor la quietud
señor mayor cruzando la calle
todavía la sigue cruzando esa calle   muerto desde hace años ya
el pobre señor Gutiérrez
alto pelo largo y cano   ahí está   cruzando mi memoria
en cinco trazos
camino del parque al otro lado de la calle
donde yo lo esperaba cada sábado para nuestra partidita de ajedrez.

El día en que se le fue el lenguaje
lo llamó *zajedre*.
Estaba ahí, su cuerpo,
y el lenguaje al otro lado de la calle.
Dijo que de aquel vacío nacía la excusa
la excusa
soy la excusa   *dijo*
la excusa para darle vida a la conciencia del jugador que mueve
la mano que mueve la pieza.

¿Has ganado?   *dije*   ¿Has ganado alguna vez?
¿Eh?
¿Has ganado alguna vez?
¿A qué?   (Gutiérrez siempre se hacía el sordo)
Al *zajedre*. ¿Has-ga-na-do-al-gu-na-vez?
No   Nunca   Imposible   No se gana en el *zajedre*
Pues menuda mierda juego
Así hablan los del otro lado   *dijo él*
¿Otro lado dónde?
Al otro lado del *zajedre*
¿Allí donde se juega al ajedrez?
Sí, el ajedrez   que es dónde la gente se aniquila,
Hiroshima, los Balcanes, Irak, el Congo, Guernica. Ese mundo,
el otro mundo
¿Eres budista o qué?
No, solo un tipo con un mensaje
Un ángel
Los ángeles nunca terminan de cruzar la calle hasta que la cruzan
¡Ea!
La conciencia del jugador cuya mano mueve la pieza
¿Quién?
Tú
¿Adónde me llevas?
Dónde nos lleve el lenguaje que te lleva.   ¿Mueves?

EL HOMBRE PÁJARO

Del hombre pájaro sé poco de lo mucho que sabía él. Una vez me llevó no sé dónde y me habló de no sé qué. Con él siempre era así. Eran las palabras cifradas y uno debía saber abrirlas como abrirse paso para ver, ver las palabras, verlas de veras flotar en el aire y comprender algo de lo tanto que sabía él, el hombre pájaro. Una vez en ese no sé dónde, me habló, y aunque no recuerdo las palabras exactas, sí recuerdo un árbol grande y alto con una copa frondosa negra negra y verde a la vez. Tal vez fuera en un zócalo, aunque no sé, pero sé que sin duda todo sigue allí. Y él también sigue allí, el hombre pájaro, hablando de tal manera que sus palabras entran y salen de aquel árbol, y su vuelo alegre revela precisamente el sentido de aquel regalo. No sé dónde ni de qué me habló, pero sé un poco de lo mucho que me enseñó el hombre pájaro.

JUAN SEBASTIÁN ELCANO

Apenas un hilo de aire en la silla de ruedas.

Te duermes.

Y al cabo,
encuentras el barco que de niño fabricaste.

87 años recordando su nombre: Juan Sebastián Elcano.

Despiertas.

La historia de todas las mañanas:
hilo de aire, silla de ruedas.

Ayer como hoy: el mismo y diferente.
Ayer como hoy: un pañal húmedo entre las piernas.

Miras por la ventana
y ves la higuera
con algo que ya no es ojo.
Oyes voces:
"Le gustaban los desfiles militares".

Fíjate bien, abuelo:
te respiran en el pasado.
Las bocas te dan por muerto.

Cada noche hallas fuerzas
en el recuerdo que trae el vaivén
del lenguaje: Juan Sebastián Elcano.
Y, sin embargo, cada noche le niegas
a tu barco hacerse viaje.

LA BARCA ROJA

−¿De dónde vienes?
−De la otra orilla.
(La Infancia de Iván, Andrei Tarkovski)

Nací dentro de una barca roja
sobre las aguas del océano.
Nunca he salido de aquí.
Nadie me enseñó a nadar.
Tampoco sé leer ni escribir.
No conozco el mundo de los hombres,
ni el amor ni la muerte
ni el miedo ni la esperanza.

No soy yo quien habla pues no poseo lenguaje alguno.

Todas estas palabras las lleva el agua
entre la barca y la orilla.

El océano habla por sí solo.
Dice que aquello es la luna
y esto la noche.
Dice que yo soy un hombre
y que la barca es roja.
Dice que algún día
las aguas prescindirán de ella
como ella prescindirá de mí.

INFONDADO

Ahora soy mar. Fraguo rompientes,
vórtices y caídas de memoria azul.
De lengua callada, el relato abierto.
Todo ese mar soy yo.

Infondado.

El cuerpo inmóvil en medio del camino
bascula por dentro.
Un pie se desplaza, abandona
la vía, siente
el agua, agua
sin fondo
que será lluvia fina
una vez que en mí
se evapore todo.

VAHO

Hecho vaho, el lenguaje
se eleva sobre el charco.
Lo rodea y percibe
desde su masa informe.

Es un todo posible entre muchos.
Tal vez, en parte, mío.
O yo suyo, pues habita
a quien lo habita.

Habla como habla
el muro a quien pone la oreja
y, allí, se escucha
otro, sin cuerpo,
solo un borboteo distante:

¿Qué dice de nosotros
el vapor que exhalamos?
¿Qué dicen los sistemas
sin orillas? ¿Soy acaso el agujero
por el que varios mundos se filtran?

Lo cierto es que necesito mi niebla
y sus signos para cifrar los límites
del agua y el barro,
la luz quieta sobre la piel líquida,
una costra de cielo intacto,
una porción de nube,
el agujero negro al otro lado
del espejo túnel.

Eso veo en el charco
desde mi lenguaje,
a escasos centímetros
del agua y sus contornos.

Todo esto sucede
—cronológicamente hablando—
de forma simultánea.
Como el lenguaje
cuando se hace vaho.

HISTORIA DE UNA BOCA

De niño me chupaba el dedo
todas las noches, en la cama,
de camino al sueño.

El dentista enrejó mi boca.
Hizo de ella una jaula
de zoológico. La fotografió.
Intentó comprenderla,
pero cuanto más crecía,
más deformaba mi boca
su contorno. De noche,
recostado, imaginaba
que allí, al fondo,
en el centro del paladar,
había agua.
Y me hurgaba y hurgaba
con la punta de la lengua.
Era agua clara,
agua de la que bebían
las bestias del zoológico
para inventar palabras.
Venían desde muy lejos,
sedientas. Y bebían,
bebían la noche entera.
En silencio.

Mi lengua nunca perteneció
al dentista. Siempre fue mía,
otra.

EPÍLOGO: ANTE EL CIERZO

De niños enderezábamos el mundo
bajo el árbol: higo raíz barro
gato lombriz muro.
Allí aprendimos a leer.
Al principio eran pájaros.
Bastaba decir para hacer:
Los-pá-ja-ros-vue-lan.
Y allí estaban, al otro lado
del libro, volando.

La abuela nombraba lo oculto.
Nos envolvía en su ceguera.
El árbol, decía, dobla
su tamaño bajo tierra. Allí vamos
cuando no cabemos en nuestra vejez.

Cada vez que recitábamos la tabla de multiplicar, yo
me acordaba de aquel mundo donde todo era más.
Miraba el cielo. Me resultaba pequeño
respecto a la semilla que la abuela había sembrado
en mi cabeza. Pensaba: los cráneos
deben de tener conductos de fuga
para alojar tanto. Me busqué los huecos
en la cabeza pero no me los encontré.
Prueba con las muelas, dijo la abuela.
Me pasé la infancia mirándome
los dientes en el espejo. Creer
tiene su lógica. En mi caso,
tuvo su cuerpo.

En la escuela, los árboles fueron muchos.
Siempre acudían a ellos, en asamblea, las palabras:
nuez roca agujero. De todos los hombres que vivieron
bajo un árbol, hubo uno que lo recogía todo a su paso:
el gregal y el alisio así como los nombres místicos
de plantas y matojos. Todo se lo pasaba por la lengua,
hasta las ratas.
Sin miedo, sin remilgos.
Cuando me entierren, dijo, me nacerán tubérculos
del cuerpo, cipreses y limoneros del pecho,
rosales y zarzas del culo. ¿Cómo? Dije. No comprendo.
Y entonces el tipo dijo: soy todo un semillero
contra el olvido.
Así era de sabio el jardinero de mi colegio.

Ya de mayores seguíamos siendo niños
en casa de los abuelos.
Ellos se hacían niños también. Poco a poco.
Los adultos pelaban higos. Los pasaban
de mano en mano. Por aquel entonces,
la gente del barrio se olvidó de sus dedos.
Se hablaba en la calle de conceptos demasiado
abstractos: plusvalía inversión plan inmobiliario.
La gente se miraba por dentro y caía en una bolsa
que no era bolsa, sino dinero. La abuela nos puso
en aviso: las cosas caen, pero no caen al suelo,
caen en su lugar. Luego se hizo demasiado extensa
para su cuerpo y se fue donde la tortuga,
allí donde no hay cuerpo, allí donde
se van las cifras imposibles en la tabla de multiplicar.
Fue allí donde se iban las palabras que ya nadie recogía
del suelo: alcancía cimbel herrada tajuelo
gubia maza trance puntero.

Durante el entierro
descubrí que los dientes de la abuela
eran falsos. Todos ellos. Tenía las encías llenas de agujeros.
Eso, dijo el abuelo, denota un interior sideral.

El abuelo se había quedado solo, como el viento
cuando es solo viento y no siroco o levante o mistral.
Él también nos puso en aviso: un objeto en desuso
no se pierde, se pierde su tacto en la mano y toda mano
es espíritu. Con eso te lo decía todo. Nos enseñó
a manosear las palabras, a martillearlas con el daño justo
en los dedos. Todo empezó así: enderezando clavos,
buscando el golpe exacto, encontrándole el sonido propicio
al metal.

Algo se aprende en ese quehacer rutinario.
Y es que cuando uno trabaja el hierro,
el hierro lo trabaja a uno.
De este modo, no se pierde el tiempo
porque el tiempo se hace espacio.
Se estira y contrae el Todo,
decía el abuelo.
Y yo: ¿qué Todo?
Y él: el Todo, chico, el Todo.
Y yo dale que dale con el martillo,
a ver si así le encontraba algún sentido al Todo.
Más tarde, en la escuela, se nos habló de Dios.
A mí se me quedaba corta aquella palabra,
le faltaba cuerpo. Para forjar mundos
hacían falta clavos, madera, un martillo.
Ese era el Todo del abuelo.

Después del ictus, su lengua lo empezó
a traicionar. Decía "Amor" cuando
pensaba en "Roma." Nos reíamos y él se reía
con nosotros. Parecía un juego de niños,
un juego tonto. Y no tanto. Tan pronto decía
"singular" como "sinlugar". Y te quedabas
a cuadros. Un día le enseñé un texto que había escrito
en el colegio. Pero él ya no hablaba nuestra lengua,
solo hablaba el alemán: Was ist das? dijo.
Tenía sonido de vaso vacío, el alemán,
y no esa tenacidad metálica de la lengua
que enderezamos bajo el árbol cuando los pájaros
eran pájaros dentro y fuera de los libros.
Ese fue el final. Was ist das?
Afuera el cierzo lo arrastró todo,
palabra por palabra.
No dejó nada,
ni viento
ni frío
ni cuerpo.

Open Books